NOUVELLES

OBSERVATIONS

SUR LA VENTE DES BOIS,

ET AUTRES MOYENS DE CRÉDIT PUBLIC,

Par Mͬ. Étienne Martel.

A PARIS,

Imprimerie de Dondey-Dupré,

Rue St.-Louis, N°. 46, au Marais ; et rue Neuve St.-Marc, N°. 10.

_____

AVRIL 1819.

NOUVELLES
OBSERVATIONS

SUR LA VENTE DES BOIS,

ET AUTRES MOYENS DE CRÉDIT PUBLIC.

Les évènemens de Mars 1815, en ramenant parmi nous l'Europe irritée, nous obligèrent à d'immenses sacrifices; pour y subvenir, on créa une énorme quantité de rentes; ces émissions ne furent calculées que d'après les besoins existans, et nullement mises en rapport avec le numéraire en circulation, ce qui porta au crédit public une atteinte que l'on ne sut pas prévoir.

Pendant la hausse de ces valeurs, on ne s'aperçut pas de leur indiscrète profusion ; chacun gardait ce qu'il avait en porte-feuille ; le jeu soutenait l'excédent, dans l'espoir d'une stabilité dans le cours, fondée sur l'affermisse-ment progressif de nos institutions.

On attendait avec une vive impatience le départ des armées étrangères ; on croyait qu'il ferait encore élever les fonds au-dessus de ce qu'ils avaient été ; vaine attente ! Leur retraite opéra tout le contraire : les capitalistes étrangers, porteurs de ces effets, croyant leur sûreté compromise, commencèrent dès ce moment à s'en défaire, emportant avec eux, en numéraire, le produit de leurs ventes ; de-là l'origine de la baisse.

Soit crainte, prudence ou desir de réaliser des bénéfices certains, bien des Français les imitè-rent ; dès-lors nulle proportion entre les vendeurs et les acheteurs; les fonds qui s'étaient élevés au mois d'Août, à 80 fr., tombèrent successivement en Décembre, à 60 fr.

C'est donc la trop grande abondance de rentes sur la place, qui fut la cause première de cette baisse ; mais le mal fut encore aggravé par la cupidité des joueurs à la baisse qui ruinèrent par leurs spéculations tous les malheureux, qu'une imprudente confiance avait engagés dans des achats bien au-delà des bornes de leurs moyens; néanmoins il est difficile de penser qu'il ait été possible d'opérer une baisse de 25 pour o/o dans l'espace de trois mois, sans des motifs puissans, ce qui est vraiment inexplicable quand on considère surtout le traité de garantie des cinq grandes puissances qui, en s'assurant respectivement l'intégrité de leurs états, devaient en quelque sorte, par la même conséquence, se garantir leur crédit, je ne vois pas pourquoi les valeurs de ces cinq états ne seraient pas au même cours, et ne jouiraient pas de la même confiance.

Dans cet état de choses, le gouvernement parut rester tranquille spectateur de la dépréciation de ses effets; il n'examina point si ceux qui étaient venus à son secours pour ses emprunts aux cours de 66 fr. 50 c. à 74 fr. avaient lieu d'être satisfaits; si ceux qui étaient contraints de recevoir le payement de leurs créances de l'emprunt de 100 millions, ou des fournitures, étaient bien aises d'être payés en valeurs sans crédit, perdant 30 à 40 pour o/o, quand on leur avait promis de les payer en espèces; si enfin les paisibles possesseurs d'effets publics pouvaient voir, sans effroi, diminuer leurs capitaux d'un quart, sans être justement alarmés !

Ces mêmes possesseurs de fonds publics qui étaient venus si généreusement au secours de l'état lorsque tous les élémens de malheurs et de ruine pesaient sur lui ; lorsqu'enfin il s'agissait de voir périr la France, où de l'aider à supporter les maux présens, sur la foi d'un meilleur avenir ; auraient-ils pu croire que, dans ces momens de crise, on les aurait abandonnés sans secours ; et le gouvernement, dans son propre intérêt, ne devait-il pas, de cet état de choses, tirer la conséquence, que son indifférence lui ôtait toutes ressources pour l'avenir ? Osons le dire ; l'oubli de pareils sacrifices détruit la confiance, refroidit le zèle et jette le mécontentement dans toutes les classes de la société.

C'est une erreur fatale de croire qu'en laissant avilir les effets publics, ceux qui les possèdent en soient seuls atteints. Le discrédit frappe tout le monde, depuis le premier fonctionnaire jusqu'au dernier artisan : dans un état sans crédit, tout languit, sèche et meurt : le gouvernement

est le premier à en ressentir les funestes effets ;
ceux qui perdent n'alimentent plus les ateliers ;
la consommation diminue de même que la valeur
des marchandises ; l'agriculture n'a plus les
mêmes débouchés ; le commerce écrasé se res-
treint dans ses affaires comme dans ses dépenses ;
les manufactures se ferment ; les arts sont sans
appui ; les contributions diminuent dans les
proportions, et sont mal payées ; le peuple souffre
de toutes parts ; il crie, et ne bénit pas ceux qui
devaient le protéger.

Il est aisé de se convaincre de ce que je viens
d'avancer. Qu'on prenne des informations ; les
ouvriers diront qu'ils ont moitié moins de travail
que les années précédentes. Tous les états, toutes
les professions se ressentent des effets du discrédit passager dont nous venons d'éprouver les
atteintes. Les banquiers, les commerçans cer-
tifieront qu'ayant eu confiance dans les valeurs
du gouvernement, leurs caisses en sont remplies ;
par ces motifs, la plupart des crédits qu'ils avaient
dans les départemens et chez l'étranger, leur
ont été retirés ; le rentier, le capitaliste, et gé-
néralement toutes les personnes qui ont des re-

venus en effets publics, regrettent que leur for-
tune se trouve entre les mains du gouvernement
qui, n'ayant pas su maintenir son crédit, leur
a fait éprouver une perte considérable, que de
meilleures mesures auraient pu éviter.

Il n'est que trop notoire que tous les faiseurs
de plans de finances en théorie, n'ont cessé de
publier, depuis trois ans, qu'il n'y avait qu'à
inscrire des rentes sur le Grand-Livre, pour faire
face à toutes les dépenses, sans en prévoir les
conséquences fâcheuses, ni donner des moyens
de les retirer. Mais puisqu'on crut devoir suivre
aveuglément leur manière de voir, la sagesse
voulait au moins qu'on ne l'adoptât qu'avec pré-
voyance.

Un état est comme une maison de commerce ;
lorsqu'elle veut soutenir son crédit, elle doit
toujours proportionner l'émission de ses effets à
ses moyens, pour les retirer, au besoin, de la
circulation, et pour en empêcher le discrédit;
c'est une règle de tous les tems et de tous les
pays.

J'admets que la grande quantité de valeurs
inscrites sur le Grand-Livre ait puissamment

contribué à en diminuer le prix ; mais, à cette raison, qui est née de la force des choses, on peut en ajouter une non moins puissante.

Les étrangers, possesseurs de beaucoup d'effets publics, crurent qu'au départ de leurs armées, leurs intérêts pourraient bien être compromis par des agitations, ou que les chambres ne se présenteraient pas avec cette sagesse et cette dignité que leurs fonctions devraient leur inspirer ; toutes ces craintes réunies diminuèrent la confiance, et la baisse s'opéra.

Ce doute émis par nous, aurait été injurieux, mais par des étrangers il l'était moins ; il ne faut pas perdre de vue non plus, que toutes les fois qu'un état est obligé d'avoir recours à des capitalistes étrangers qui, par leurs capitaux ou leur crédit, ont à leur disposition la majeure partie des fonds publics, ces capitalistes deviennent les maîtres d'opérer à leur gré une différence énorme dans le cours de la bourse, soit en hausse, soit en baisse, suivant leur intérêt personnel ; ce jeu, répété tous les six mois, pendant cinq ans, enleverait tous nos capitaux existans sur la place.

On ne peut donc assez s'empresser sous tous

les rapports, d'éteindre, par tous les moyens possibles, les 200 millions environ de valeurs inscrites dans ce moment sur le Grand-Livre, qui, calculées à 70 fr., donnent un capital de deux milliards huit cents millions, représentant au pair quatre milliards dont le trésor est grevé et paie les intérêts.

Pour éteindre seulement la moitié de ces deux milliards huit cents millions, par les voies ordinaires d'amortissement, il faudrait douze années, en supposant même que l'on pût doter cette caisse de 100 millions par année, pour libérer le Grand-Livre d'une partie de son énorme fardeau.

Reste à savoir aujourd'hui si le terme de douze années, n'est pas un siècle pour éteindre la moitié de la dette dans les circonstances actuelles : quant à moi, je suis invariablement pour l'affirmative.

Lors même que l'on pourrait attendre ce laps de tems, pourrait-on doter la caisse d'amortissement de 100 millions chaque année, sans maintenir les impositions sur le même pied qu'en tems de guerre ? Le peut-on ? Non ; ce mot m'est impérieusement dicté.

Ainsi nous arrivons, après trente années de révolution, avec l'affligeant résultat d'une dette existante de 4 milliards, auxquels il faudra joindre au moins 500 millions de créances à liquider, on devra donc 4 milliards 500 millions.

Voyons maintenant si la France possède assez de numéraire ou assez de crédit pour supporter une dette aussi considérable. L'expérience prouve d'une manière irrécusable, qu'aucune de ces deux ressources ne sont suffisantes ; il est donc bien démontré qu'on ne peut garder cette surabondance de valeurs ; il est prouvé de plus qu'il y a insuffisance de moyens pour les conserver ; des remèdes efficaces sont donc devenus nécessaires aujourd'hui, et non des demi-mesures ; autrement le crédit public serait sans cesse en lutte avec les valeurs, et finirait par être écrasé par le propre poids des effets en circulation.

Reste donc à trouver des ressources pour amortir la plus grande quantité possible de ces effets, en cherchant les moyens d'exécution les plus convenables et les moins onéreux, sans froisser les intérêts privés, ni sans augmenter les contributions, tout en y trouvant un résultat avantageux pour le gouvernement.

J'ai déjà fait entrevoir ces avantages dans la vente des forêts, comme la seule et unique ressource pour un état obéré, qui ne retire rien de ses ruineuses propriétés, et dont les contributions lui rendront beaucoup plus que les revenus actuels; dans deux écrits imprimés en 1816 et 1817, j'avais indiqué tous ces moyens; si on eût voulu les suivre franchement, on eût bien certainement évité, en grande partie, la malheureuse position où nous nous trouvons; tous les maux étaient prévus et les remèdes indiqués; mais on crut pouvoir sans danger en éluder l'exécution.

Aujourd'hui que le mal est à son comble, il faut céder à l'impérieuse nécessité, ce qu'on refusa autrefois à la raison.

Je vais prouver qu'ici la nécessité se concilie avec la prudence, et que ce qui devient indispensable est encore juste, sage et utile.

Je suppose qu'il soit nécessaire de vendre un million d'hectares de bois évalués à 750 fr.

chaque, produisant . . . . . . 750,000,000 fr.

Combien le gouvernement retirera-t-il de rentes inscrites sur le Grand-Livre, avec cette somme au cours de 70 fr.? . 53,500,000

Combien ce million d'hectares de bois donne-t-il de revenu au gouvernement, en l'évaluant au plus haut? 2 pour %. Il en retire donc. 15,000,000

DIFFÉRENCE. . 38,500,000 fr.

C'est donc une économie annuelle qui ne peut être contestée, de 38 millions 500 mille francs.

Ajoutons encore que ces bois, entre les mains des particuliers, produiront au gouvernement 7 millions 500 mille francs de plus (qui se percevront pour toujours) en revenus fixes et uniformes; les calculs que je vais établir le prouveront d'une manière irrévocable.

1°. Qu'on évalue seulement l'impôt foncier à 1/2 pour o/o, il produira. . . . . 3,750,000 fr.

REPORT. . . . 3,750,000 fr.

2º. Le droit éventuel de suc-
cession, en prenant sur les di-
vers tarifs le terme moyen 1/4
pour o/o. 1,875,000

3º. Le droit sur les ventes,
partages, transactions, de même
1/4 pour o/o. 1,875,000

7,500,000 fr.

Je viens de démontrer que le gouvernement,
en vendant un million d'hectares de bois, aura
sur l'état de choses actuel, une augmentation
de revenu de plus de 46 millions. En les mul-
tipliant pendant quinze années, on trouvera un
bénéfice de 690 millions; si on veut y ajouter
les intérêts de chaque année, l'état percevra
une seconde fois les 750 millions du prix de sa
vente, dans l'espace de quinze années.

Je n'ai porté le prix de la vente qu'à 750 fr.
l'hectare, parce que j'ai calculé ce prix en argent;
mais comme il sera plus avantageux de les vendre
payables 3/4 en rentes et 1/4 en reconnaissances,

ils se vendront dans les proportions de ce que ces valeurs perdront sur la place.

Par ce moyen, le crédit public se rétablira bientôt; les fonds publics n'auront plus seulement une valeur nominale et de pure confiance; ils auront acquis celle du sol qu'ils représenteront: on ne peut se dissimuler non plus que les personnes qui habitent les provinces, gardent leurs capitaux sans acheter des fonds publics; il en sera tout le contraire, dans cette circonstance; ceux qui auront l'intention d'acheter des biens fonds, soit par convenance, soit par spéculation, commenceront par faire acheter les valeurs qui leur seront nécessaires, ce qui les mettra à même de porter leurs enchères dans les proportions des pertes des effets qu'ils auront acquis: par ce moyen ils opéreront avec connaissance de cause.

Malgré la grande quantité d'acheteurs qui se présenteront, il sera toujours nécessaire de conserver les 40 millions de dotation à la caisse d'amortissement, afin d'agir sur les 150 millions de rentes, ou autres effets qui seront dûs par le Trésor; le champ restera encore assez vaste

2

pour qu'on n'opère pas sans nécessité, si l'on considère surtout que cette caisse ne peut, en y comprenant sa réserve, en retirer plus de trois millions 5oo mille fr. chaque année.

Il ne reste maintenant qu'à prendre les mesures nécessaires que la prudence dictera, pour la conservation des forêts ; si du moins les lois existantes ne suffisent pas, on pourra y suppléer par de nouvelles dispositions, et notamment par celles que contiendra le code rural.

Comme ces aliénations nécessiteront la suppression de beaucoup d'employés ; des pensions deviendront nécessaires pour ceux qui ne pourraient pas être replacés ailleurs.

L'avis de Mr. le rapporteur de la commission de surveillance près la caisse d'amortissement, sur le même objet, me parvient à l'instant.

Je vois qu'il reste 1,262,789 hectares de bois invendus mis à la disposition de cette caisse par la loi du 25 Mars 1817.

La même loi en autorisa la vente de 15o mille hectares, à partir du 1er. Janvier 1818; les soumissions au 31 Décembre suivant, s'élevaient déjà à 62,515 hectares.

Cependant, par un excès-de prudence, on trouva convenable de n'en vendre que 21,246 hectares.

En Janvier dernier, la commission reconnaissant son erreur et l'urgence des besoins existans, décida que l'on mettrait en vente, la totalité des bois soumissionnés et estimés.

Quelque tems après, messieurs les membres de cette commission, faisant un pas rétrograde, en suspendirent l'exécution, pensant qu'une vente trop précipitée, pourrait avoir des inconvéniens.

Combien je suis éloigné de partager ces craintes pusillanimes, si l'on considère surtout que l'on ne mettait en vente que les parties soumissionnées et estimées; qu'il n'y avait rien à craindre, puisqu'on n'aurait jamais vendu au-dessous des estimations faites ! Ces craintes n'étaient donc nullement fondées ; que pouvait-on redouter, en aliénant 40 mille hectares de plus, répartis sur toute la surface de la France; qui n'auraient pas nécessité la vente de 500 hectares par département, l'un dans l'autre ?

Suit le rapport de son excellence le ministre des finances, lequel présente la situation des recettes et des dépenses de 1819, d'après lesqu'elles il manquerait 48 millions 800 mille fr.; il demande d'être autorisé à émettre des Bons pour faire face à ce déficit.

Il existe au trésor 72 millions qui se composent de diverses valeurs ; il ne croit pas convenable de les négocier dans un moment où la place en est surchargée ; il desire que ces valeurs soient mises à sa disposition, pour servir de gage aux emprunts qu'il se propose de faire.

Au premier coup d'œil, un double emploi se présente; si on autorise l'émission de 48 millions 800 mille francs de Bons, l'emprunt sur les 72 millions des valeurs, devient inutile.

L'émission des Bons peut avoir des inconvéniens graves, parce qu'il paraît presque impossible de contrôler la quantité que l'on pourrait émettre; l'emprunt sur les valeurs me paraît préférable, malgré qu'il faudra toujours, dans l'un et l'autre cas, payer des intérêts qui

viendront accroître le budget de l'année pro-
chaine.

Je ne vois, dans ce rapport, que des palliatifs
insuffisans et nullement en harmonie avec les
grandes ressources que les circonstances exi-
geaient, auxquelles il faudra toujours revenir,
mais trop tardivement.

Celle des transferts de rentes dans les départemens, produira peu d'effets, attendu qu'il n'y
aura que les personnes qui ont confiance dans le
gouvernement qui en acheteront : pour celles-là,
les achats doivent déja être faits par les grandes
facilités qu'elles ont eu d'en faire acheter à
Paris, ou celles qui ont leurs capitaux placés
chez les receveurs généraux; ces derniers ayant
intérêt de les conserver (pour ne pas être obligés
de retirer des fonds importans versés à la caisse
de service), seront loin de les engager à les
placer ainsi.

Je reviens à mes moyens.

Il y aurait encore une autre manière non moins
avantageuse, de retirer de la circulation une
grande partie des rentes, en engageant tous les
salariés ou pensionnaires de l'état, d'avoir une

très-petite partie de leur revenu, en rentes nationales. On leur retiendrait, à cet effet, pendant l'espace seulement d'une année et par douzièmes, de mois en mois comme ci-après.

Ceux qui auraient moins de trois mille francs de salaire où de pension, ne seraient pas compris dans cette mesure.

Ainsi donc ceux qui auraient 3,000 fr., seraient obligés d'avoir. . . . . . .   5o fr. de rente.

Je suppose le cours à 75 fr. ; les 5o fr. coûteraient 75o fr. On leur retiendrait par mois 62 fr. 5o cent.

Ceux qui auraient

De	4,000 à	8,000 fr.	100 fr. de rente.
—	9,000 à	11,000. .	200 — —
—	12,000 à	15,000. .	5oo — —
—	16,000 à	20,000. .	1,000 — —
—	21,000 à	3o,ooo. .	1,5oo — —
—	31,000 à	5o,ooo. .	2,000 — —
—	51,000 à	100,000. .	5,000 — —
—	101,000 à	200,000. .	11,000 — —

Où pourraient-ils faire des placemens plus avantageux ? Au reste, ceux qui reçoivent les bienfaits du gouvernement, doivent être les premiers à l'aider et à lui montrer de la confiance; cette mesure produirait l'excellent effet de nationaliser la dette publique, et d'intéresser toutes les classes de la société à la prospérité de l'état.

Que l'on ne croie pas que ce soit une obligation qu'on cherche à imposer, il faut l'envisager sous un autre point de vue; c'est leur bien-être qu'il faut voir dans cette mesure ; elle ne tend qu'à la conservation de leurs épargnes ; c'est un service à leur rendre ; ils ne peuvent placer leurs économies avec plus de fruit et de sécurité; serait-ce dans des tontines ou autres établissemens de ce genre, ou dans des maisons de commerce ? Sur les premières comme sur les secondes, on pourrait citer cent exemples qui épouvanteraient les plus hardis et les plus confians : il n'existe pas de placemens plus surs que ceux faits sur un gouvernement représentatif; les lois y sont respectées, la dette consolidée est regardée comme une dette sacrée; elle a un privilège spécial sur toutes les autres , étant la première payée : on a même la faculté de recevoir les intérêts avant leur entière échéance; des caisses sont ouvertes à cet effet : que peut-on desirer de plus utile et de plus satisfaisant ?

Objecterait-on, par exemple, la banqueroute qui réduisit la dette au tiers? Mais il ne faut pas perdre de vue que nous ne sommes plus en révolution , ni gouvernés par des hommes qui ne respectaient rien : le gouvernement actuel crée, respecte et ne détruit pas ; nous ne sommes plus administrés par un *seul,* qui s'était permis de tout créer et de tout détruire avec de simples décrets; rien ne se fait aujourd'hui que d'après le vœu de tous les Français représentés par le Roi et les deux Chambres. La loi n'est loi que par le concours de ces trois pouvoirs; on n'a plus à craindre de ces coups d'état qui jetaient les familles dans la désolation. La charte est *là* pour le salut de tous; pour raffermir ces principes éternels de justice qu'on ne pourra jamais méconnaître sans tout détruire; monument de gloire et de sagesse, qui devrait être immortel ainsi que son auteur.

Je regarde donc un gouvernement représentatif comme infiniment plus sûr pour les enga-
gemens qu'il a à remplir, qu'aucun citoyen ;
qu'on doit placer sur lui de préférence ; parce
qu'il est impérissable par les finances, d'après
les prérogatives qui lui sont accordées ; celle,
par exemple, de puiser dans toutes les bourses,
lorsque les besoins le réclament : ainsi, il est
constant que toutes les fois que les impositions
seront bien réparties, tous les administrés viendront à son secours ; il ne doit doit donc jamais
manquer de trouver des ressources inépuisables !
Un gouvernement seul a ce privilège.

Une autre mesure non moins urgente, réclamée depuis long-tems, indique aussi la vente
des biens des communes. Ces biens appartiennent
à tous, sans appartenir à personne ; tous ceux
qui en jouissent veulent y avoir des droits, sans
que personne les protège ni les cultive.

Que sont la plûpart de ces tristes possessions ?
Des terrains en friche, des broussailles couvertes
de ronces qui ne rapportent rien que quelques
pâturages insignifians, et qui ne procurent qu'une
faible ressource, sans aucun revenu réel.

On peut donc les regarder comme des biens morts pour le revenu ; presque nuls comme imposables, et paralysés pour les transactions entre particuliers ; on doit les sortir de cet état d'inutilité, et leur donner une nouvelle vie, en les admettant dans la circulation. En général, tout ce qui est possédé en commun, n'intéresse personne ; ce sont des vérités si évidentes, qu'elles ne peuvent être contestées. L'autorisation réclamée pour leur vente est donc indispensable, à la charge par les communes d'en employer le produit en achats de rentes sur l'état.

En divisant ces terres inutiles, en très-petites parties, elles se vendront de 1,000 à 2,000 fr. l'arpent; mais admettons que ce ne soit que 1,000 fr. ; les communes qui en possèdent, je suppose, 15 à 30 arpens plus ou moins, auront un revenu fixe et invariable ; les premières de 1,000 fr. et les secondes de 2,000 fr.

Ces revenus pourront être employés pour l'entretien des chemins vicinaux, le salaire des gardes champêtres, les secours à domicile, ou tous autres reconnus nécessaires par les conseils municipaux.

Ces propriétés vendues dans chaque commune, seront peut-être adjugées à 3o ou 4o personnes, qui les fertiliseront dans l'espace de trois à quatre années, en feront des terres de première qualité, en doubleront les produits; ce qui permettra de les imposer suivant leur rapport; à quoi il faudra ajouter, comme je l'ai indiqué pour les forêts, les mutations, les successions, droits de partage, etc., etc.; ce qui donnera à l'état plusieurs millions de revenus de plus, en diminuant sa dette flottante d'une manière sensible.

Si l'on s'aperçoit aujourd'hui de la rareté du numeraire, on peut attribuer cette disparition à une des causes ci-après.

Les cultivateurs ont vendu, depuis plusieurs années, leurs denrées à des prix très-élevés; mais comme ils ne connaissent d'autres placemens que ceux qu'ils font en achats de terres, (tous autres étant exclusivement réprouvés par eux), ceux qui n'ont pu les faire ainsi, conservent leurs fonds sans emploi; je crois que l'aliénation des propriétés publiques les ferait rentrer dans la circulation.

Si on voulait imiter le bon exemple de nos voisins, il faudrait exiger qu'à l'avenir tous les cautionnemens fussent fournis en valeurs de l'état, obliger même que l'on réalisât les revenus des hôpitaux et autres établissemens publics, dans les mêmes valeurs; cette mesure aurait le précieux avantage de retirer beaucoup d'effets de la circulation, et de lier de plus en plus un grand nombre de personnes au succès de la chose publique.

A l'appui de toutes les ressources que je viens d'indiquer, si jamais l'amour de la patrie et du bien public pouvaient inspirer à chaque électeur de venir au secours de nos finances, en prenant seulement 200 francs de rente chacun, qui leur rapporteraient 7 pour o/o net de revenu, 20 millions se trouveraient de moins en circulation.

Comme leurs fonctions sont gratuites, le gouvernement ne peut agir sur eux que par la voie de la persuasion, je pense qu'il ne faudrait que leur en donner connaissance, pour qu'ils s'empressassent de venir au secours du crédit public. De qui, en effet, attendre de l'appui, si ce n'est de ceux que leurs fonctions honorables doivent intéresser si particulièrement à la prospérité de l'état ?

Tout me dit et m'assûre, (puissent mes pressentimens se réaliser au-delà de mes espérances !) qu'il n'y a rien d'impossible à une grande nation comme la France; riche par son sol, son climat et son industrie. Il ne lui manque que de connaître toutes ses ressources et d'en faire usage, pour sortir de l'embarras momentané où elle se trouve. Si à de si belles perspectives se joint l'heureux présage d'avoir des lois sages et stables, avec l'union tant desirée des chambres, et s'il en résulte un accord parfait dans le ministère, alors tous nos vœux seront comblés !

www.ingramcontent.com/pod-product-compliance
Lightning Source LLC
Chambersburg PA
CBHW070745280326
41934CB00011B/2797